Jesús convierte el agua en vino

La historia del primer milagro que se registró de Jesús
Juan 2:1-11 para niños

Escrito por Joanne Bader
Ilustrado por Dana Regan
Versión castellana de Mercedes Cecilia Fau

EDITORIAL CONCORDIA • SAINT LOUIS

En un pueblo llamado Caná,
una pareja se iba a casar,
sus corazones estaban radiantes,
augurando gran felicidad.

Hicieron una gran fiesta
para poder celebrar:
buena comida en cada plato
y muy buen vino para tomar.

Varios días duraba la fiesta,
incluso una semana entera,
mas comenzó a escasear el vino
para que todos bebieran.

Jesús fue invitado,
su madre estaba con él,
y entre medio de la gente
sus discípulos también.

Todos estaban alegres
mas se terminó el vino.
–Ay, ¿qué se podrá hacer?
¡Esto sí es un gran lío!

–La fiesta puede arruinarse,
¡Qué no se enteren los novios!–
Decía el maestresala
preocupado y con agobio.

La mamá de Jesús le dijo:
–Hijo, no tienen más vino.
–Aún no llega la hora,
de cumplir con mi destino.

María no tenía dudas
de que él lo haría igual,
su corazón generoso
no habría de ocultar.

María llamó a los sirvientes:
–Hagan todo lo que él diga.–
Señaló a Jesús y esperó
a que el Maestro decida.

Jesús vio seis tinajas de agua
alineadas contra la pared,
eran grandes y de piedra,
¡mucho allí podía caber!

–Pongan agua en las tinajas–
dijo Jesús convincente.
–Busquen al encargado de la fiesta,
ahora hay vino suficiente.

El encargado probó un trago
y asombrado gritó:
–¡Es realmente bueno,
el agua en vino convirtió!

–¡Traigan al novio enseguida!–
el encargado pidió,
todos llenos de sorpresa
miraban con admiración.

Cuando vino el novio, el encargado dijo:
–El vino bueno primero se debió servir,
has guardado el mejor para lo último,
cuando todos se empiezan a ir.

Los sirvientes admirados sabían
lo que Jesús había hecho,
igual pasó a los discípulos,
creció su fe al ver esto.

Este fue el primer milagro
y se cuenta en esta historia,
es señal de su poder,
Jesús nos muestra su gloria.

“Querido Dios, ayúdanos como a ellos,
cuida de nosotros cada día,
en el nombre de Jesús,
confiamos en tu guía.”

Queridos padres,

Tener suficiente vino en una fiesta de boda no parece ser tan importante para nosotros en estos días. Sin embargo, en los días de Jesús, quedarse sin vino habría sido un desastre. Los huéspedes habrían sido insultados. Puede ser que pensaran que la novia y el novio eran demasiado pobres para tener suficiente vino para servir en la fiesta o que no les importaba demasiado su familia y amigos. Jesús se preocupó por los novios, sin embargo, y no quería que fueran avergonzados delante de sus invitados. Así que él proporcionó el mejor vino de la fiesta.

Esta maravillosa historia es el primer milagro registrado de Jesús cuando estuvo en la tierra, y es la primera vez que su madre, sus discípulos, y otros vieron su gloria divina en acción. Se fortaleció la fe de ellos y confirmó su creencia de que él era el Hijo de Dios.

Porque a María se le dio la fe en Jesús, su Hijo, ella sabía que él podría ayudar en tiempos de necesidad. Ella le pidió que le ayudara, y él lo hizo. En nuestra fe, experimentamos milagros todos los días. Él provee para todas nuestras necesidades y deseos, incluso las más pequeñas cosas. Él nos da familias que nos cuidan, nos protege del peligro, y nos sana cuando estamos enfermos. Él nos da los días soleados y las noches de luna, estaciones que cambian, las maravillas de la naturaleza, y la lista sigue y sigue. Así como la fe de María y la de los discípulos creció, la nuestra también crecerá cuando vemos cómo Dios obra en nuestras vidas todos los días.

A través del don de la fe, podemos reconocer el milagro más importante de todos: la resurrección de Jesús y el perdón de todos nuestros pecados, no porque lo merezcamos, sino porque somos sus hijos y él nos ama. ¡A él sea la gloria!

La autora